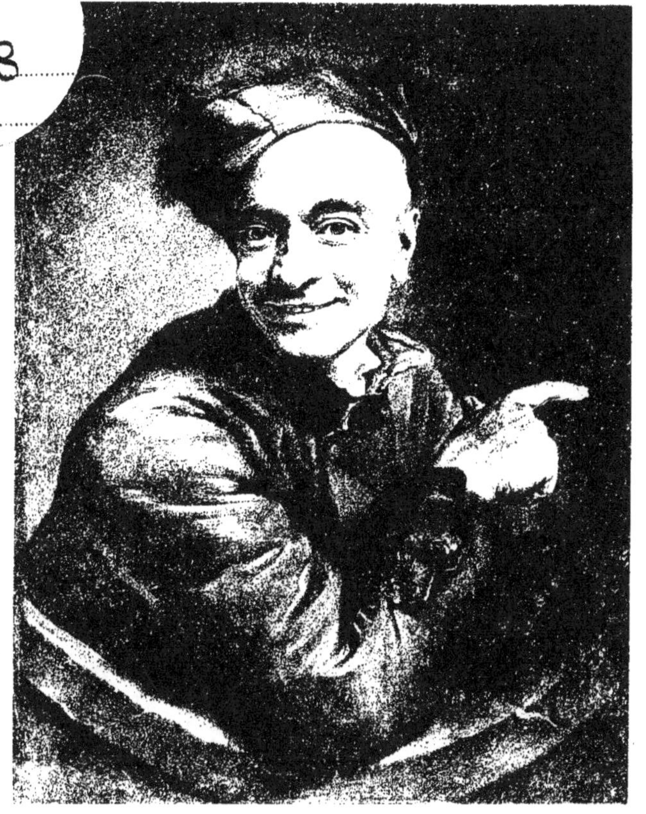

Galeries Georges Petit

8, Rue de Sèze, 8

EXPOSITION

DE

CENT PASTELS

organisée par

Madame la

CROIX-ROUGE FRANÇAISE

EXPOSITION

DE

CENT PASTELS

DU XVIIIᵉ SIÈCLE

PAR LATOUR, PERRONNEAU, NATTIER, CHARDIN, GREUZE
REYNOLDS, BOUCHER, ROSALBA CARRIERA
FREY, HOIN, LENOIR, DUPLESSIS, MÉRELLE, DUCREUX, GUÉRIN
DROUAIS, RUSSELL, ETC., ETC.

ET DE

BUSTES

PAR HOUDON, PAJOU, CAFFIERI, COUSTOU

ORGANISÉE PAR

Mᵐᵉ la Marquise de GANAY

AU PROFIT DE LA

SOCIÉTÉ FRANÇAISE
DE SECOURS AUX BLESSÉS MILITAIRES

Ouverte du 18 Mai au 10 Juin 1908

GALERIE GEORGES PETIT

8, RUE DE SÈZE, 8

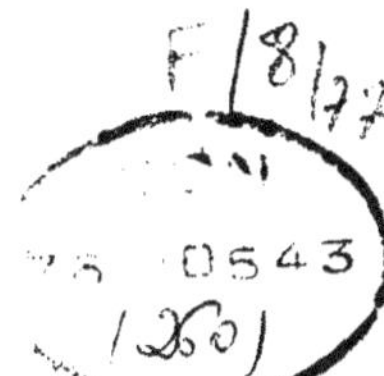

CATALOGUE

PASTELS

BOUCHER (François)
1703-1770.

1 — *Portrait de l'une de ses filles.*

Ovale.

Haut., 60 cent.; larg., 48 cent.

Collection de M. Léon Michel-Lévy.

CARMONTELLE

2 — *Portrait de Charlotte de Barban-tanne, née le 11 avril 1756, épouse de Philippe, Comte d'Hunolstein, morte le 26 juin 1798.*

Haut., 92 cent.; larg., 67 cent.

*Collection de
M. le Prince de Tonnay-Charente.*

CARMONTELLE

3 — *Jeune femme en costume bleu.*
Ovale.

Haut., 65 cent.; larg., 54 cent.

Collection de M. Arthur Veil-Picard.

CARRÍERA (Rosalba)

4 — *Portrait de jeune femme.*

Haut., 57 cent.; larg., 43 cent.

Collection de M. Albert Lehmann.

CARRIERA (Rosalba)

5 — *Portrait de jeune fille.*

Haut., 31 cent.; larg., 38 cent.

Collection de Mme Edmond Taigny.

CARRIERA (Rosalba)

6 — *Portrait de la Comtesse Miari.*

Haut., 70 cent.; larg., 56 cent.

Collection de M. Gangnat.

CHARDIN (Jean-Baptiste-Siméon)
1699-1779.

7 — *Son portrait par lui-même.*

Haut., 40 cent.; larg., 31 cent.

Collection de M. Léon Michel-Lévy.

CHEVALLIER (J.)

Élève de Chardin en 1745.

8 — *Portrait de René-Charles de Maupeou, 5e du nom, Marquis de Morangles, Vicomte de Bruyères-le-Châtel, seigneur de Noisy, de Montigny-sur-Aube et autres lieux, Chevalier, Conseiller du Roy en tous ses Conseils, premier Président du Parlement de Paris, né le 11 juin 1688, Grand Chancelier de France et Garde des Sceaux le 9 octobre 1763, mort à Paris le 4 avril 1795.*

Haut., 61 cent. ; larg., 51 cent.

Collection de Mme la Ctesse de Maupeou.

COTES (Francis) (R. A.)

Mort en 1770.

9 — *Portrait d'une dame.*

Toilette de gala grise et rose ; sur l'épaule droite et le devant de la robe, des boucles de cheveux bruns.

Daté : *1751.*

Haut , 60 cent.; larg., 44 cent.

Collection de M. Charles Wertheimer.

COTES (Francis) (R. A.)

10 — *Portrait d'une dame portant un chien.*

Haut., 75 cent.; larg., 62 cent.

Collection de M. Charles Wertheimer.

COTES (Francis) (R. A.)

11 — *Portrait d'une dame.*

En robe blanche et manteau rose, coiffée d'un diadème de pierreries.

Haut., 60 cent.; larg., 45 cent.

Collection de M. Charles Wertheimer.

COYPEL (Charles-Antoine)

1694-1752.

12 — *Portrait de Guillaume Aubourg, Marquis de Boury (1731), capitaine de dragons, régiment de Condé.*

Haut., 82 cent.; larg., 64 cent.

Collection de Mme la B^onne Le Vavasseur.

COYPEL (Charles-Antoine)

13 — *Portrait de Mme Barbe Aubourg, Marquise de Boury.*

Haut., 82 cent.; larg., 64 cent.

Collection de Mme la B^onne Le Vavasseur.

DROUAIS (François-Robert)

1727-1775.

14 — *Portrait de femme en rose.*

Haut., 54 cent.; larg., 47 cent.

Collection de Mme la M^ise de Ganay.

DUCREUX (Joseph)

1737-1802.

15 — *Son portrait par lui-même.*
Ovale.

Haut., 66 cent.; larg., 55 cent.

Collection de M. le Bon A. de Fleury.

DUPLESSIS (Joseph-Silfrède)

16 — *Portrait de Gluck.*

Haut., 53 cent.; larg., 43 cent.

Collection de M. Doislau.

FREY (François-Bernard)

Né à Strasbourg en 1716, mort à Guebwiller en 1806.

17 — *Portrait de la Comtesse de Bar.*

Haut., 83 cent.; larg., 73 cent.

Collection de M. le Cte A. de Chevigné.

FREY (François-Bernard)

18 — *Portrait de la Baronne de Dietrich, Comtesse du Ban de la
Roche.*

Haut., 1 mètre ; larg., 75 cent.

Collection de M. le Bon A. de Dietrich.

GARDNER (Daniel)

1750-1805.

19 — *Portrait groupe de la famille
Watson Taylor.*

Ayant appartenu à Mrs. Keatinge du
Manoir Jeffont, près Salisbury.
Acheté à la vente Watson Taylor, Coles-
toln Park en 1832.

Haut., 1 m. 06 ; larg., 83 cent.

Collection de M. Charles Wertheimer.

GREUZE (Jean-Baptiste)
1725-1806.

20 — *Étude pour « l'Heureuse mère ».*

Haut., 45 cent.; larg., 32 cent.

Collection de M. J. D...

GREUZE (Jean-Baptiste)

21 — *Son portrait par lui-même.*

Haut., 46 cent.; larg., 38 cent.

Collection de M. Alphonse Kann.

GUÉRIN (Thomas-François)
1767-1829.

22 — *Son portrait par lui-même.*

Haut., 54 cent.; larg., 48 cent.

Collection de M. G. Lecreux.

HALL (Pierre-Adolphe)

1739-1793.

23 — *Portrait de Mme Gentil de Saint-Alphonse.*

Haut., 65 cent.; larg., 53 cent.

Collection de M. le Cte Gentil de Saint-Alphonse.

HOIN (Claude-Jean-Baptiste)

1750-1817.

24 — *Portrait d'homme.*

Haut., 55 cent.; larg., 44 cent.

Collection de M. Théodore Mante.

HOIN (Claude-Jean-Baptiste)

25 — *Son portrait par lui-même.*

Haut., 80 cent. ; larg., 60 cent.

Collection de Mme la Générale Darras.

LABILLE-GUIARD (Mme Adélaïde)

1749-1803.

26 — *Portrait de Charles - Simon Favart.*

Haut., 90 cent.; larg., 70 cent.

Collection de M. Henry Pannier.

LABILLE-GUIARD (Mme Adélaïde)

27 — *Portrait de Mme Clodion, née Pajou (1783).*

Haut., 64 cent.; larg., 53 cent.

Collection de Mme Saint-Germain.

LATOUR (Maurice-Quentin de)

1704-1788.

28 — *Portrait de Nicole Ricard enfant, plus tard Mme Goujon, mère du Conventionnel.*

Nicole Ricard était née en 1745. Ce portrait a donc dû être fait vers 1750.

Son père était secrétaire de l'Intendance de Bourgogne et avait rendu des services à Latour, qui, en reconnaissance, fit ce portrait.

Haut., 43 cent.; larg., 34 cent.

Collection de Mme la M^ise Arconati-Visconti.

LATOUR (Maurice-Quentin de)

29 — *Masque de Latour par lui-même.*

Haut., 23 cent.; larg., 31 cent.

Collection de Mme Becq de Fouquières.

LATOUR (Maurice-Quentin de)

30 — *Portrait de Mlle Dangeville.*

Haut., 35 cent.; larg., 43 cent.

Collection de Mme Becq de Fouquières.

LATOUR (Maurice-Quentin de)

31 — *Son portrait par lui-même.*

Haut., 35 cent.; larg., 4? cent.

Collection de M. Pierre Decourcelle.

LATOUR (Maurice-Quentin de)

32 — *Portrait de l'abbé Pommyer.*

Haut., 45 cent.; larg., 55 cent.

Collection de M. Pierre Decourcelle.

LATOUR (Maurice-Quentin de)

33 — *Portrait d'Étienne Perrinet, sieur de Jars.*

Haut., 80 cent.; larg., 70 cent.

Collection de M. Georges Dormeuil.

LATOUR (Maurice-Quentin de)

34 — *Portrait de M. Dupouch.*

A figuré au Salon de 1739.

Haut., 78 cent.; larg., 70 cent.

Collection de M. Georges Dormeuil.

LATOUR (Maurice-Quentin de)

35 — *Portrait de Mme de la Reynière.*

A figuré au Salon de 1751.

Haut., 79 cent.; larg., 63 cent.

Collection de M. J. D...

LATOUR (Maurice-Quentin de)

36 — *Portrait d'Étienne Perrinet, sieur de Jars.*

Haut., 1 m. 16 ; larg., 85 cent.

Collection de M. J. D...

LATOUR (Maurice-Quentin de)

37 — *Portrait de M. Duval de l'Épinoy.*

A figuré au Salon de 1740, sous le nom de M. de ***.

Haut., 1 m. 18 ; larg., 90 cent.

Collection de M. J. D...

LATOUR (Maurice-Quentin de)

38 — *Masque de femme à cheveux noirs.*

Haut., 37 cent.; larg., 27 cent.

Collection de M. J. D...

2

LATOUR (Maurice-Quentin de)

39 — *Portrait de la Marquise de Ru-milly* (masque).

Haut., 32 cent.; larg., 24 cent.

Collection de M. J. D...

LATOUR (Maurice-Quentin de)

40 — *Portrait du Maréchal de Belle-Isle.*

A figuré au Salon de 1748.

Haut., 60 cent.; larg., 49 cent.

Collection de M. J. D...

LATOUR (Maurice-Quentin de)

41 — *Portrait de Marguerite Lecomte.*

A figuré au Salon de 1753.

Haut., 64 cent.; larg., 51 cent.

Collection de M. J. D...

LATOUR (Maurice-Quentin de)

42 — *Portrait de M. Guillaume Claude de Laleu, secrétaire du Roi et notaire à Paris, né le 24 octobre 1712, mort en 1774.*

Haut., 64 cent ; larg., 52 cent.

Collection de M. Paul Huillier.

LA TOUR (Maurice-Quentin de)

43 — *Portrait de Mme de Pompadour.*

Haut., 54 cent.; larg., 43 cent.

Collection de Mme la M^{ise} de Ganay.

LA TOUR (Maurice-Quentin de)

44 — *Portrait de Mme de Mondonville, femme du compositeur de musique.*

Haut., 64 cent.; larg., 55 cent.

Collection Eudoxe Marcille.
Appartient à Mme Henry Jahan, sa fille.

LATOUR (Maurice-Quentin de)

45 — *Portrait d'homme en habit de velours gris mauve rosé.*

Haut., 63 cent.; larg., 52 cent.

Collection de M. Eugène Kraemer.

LATOUR (Maurice-Quentin de)

46 — *Portrait du peintre Sylvestre.*

Haut., 63 cent.; larg., 54 cent.

Collection de M. Léon Michel-Lévy.

LATOUR (Maurice-Quentin de)

47 — *Son portrait par lui-même.*

Haut., 55 cent.; larg., 50 cent.

Collection de M. Marius Paulme.

LATOUR (MAURICE-QUENTIN DE)

48 — *Portrait du Maréchal de Saxe, de face, en cuirasse.*

Ce portrait a appartenu à Mme Favart, à laquelle il avait été offert par le Maréchal.

Haut., 58 cent.; larg., 47 cent.

Collection de M. Georges Pannier.

LATOUR (MAURICE-QUENTIN DE)

49 — *Son portrait par lui-même.*

Haut., 64 cent.; larg., 5o cent.

Collection de Mme la M^ise de Polignac.

LATOUR (MAURICE-QUENTIN DE)

5o — *Portrait du Duc de Bourgogne, petit-fils de Louis XV.*

Haut., 33 cent.; larg , 27 cent.

Collection de M. le Bon Edmond de Rothschild.

LATOUR (Maurice-Quentin de)

51 — *Portrait présumé de Mme de Pompadour.*

Ovale.

Cadre en bois sculpté et doré, à guirlandes
de fleurs.

Haut., 60 cent.; larg., 45 cent.

Collection de M. Maurice de Rothschild.

LATOUR (Maurice-Quentin de)

52 — *Portrait de Voltaire.*

Haut., 37 cent.; larg., 31 cent.

Collection de M. Émile Straus.

LATOUR (Maurice-Quentin de)

53 — *Portrait de femme tenant un
chien.*

Haut., 63 cent.; larg., 52 cent.

Collection de M. Arthur Veil-Picard.

LATOUR (Maurice-Quentin de)

54 — *Portrait de femme.*

En costume de bal, tenant un masque.

Haut., 61 cent.; larg., 46 cent.

Collection de M. Arthur Veil-Picard.

LATOUR (Maurice-Quentin de)

55 — *Portrait de Watelet, de l'Académie française.*

Haut., 62 cent.; larg., 52 cent.

Collection de M. Arthur Veil-Picard.

LATOUR (Maurice-Quentin de)

56 — *Portrait du graveur Schmidt.*

Haut., 58 cent.; larg., 44 cent.

Collection de M. Arthur Veil-Picard.

LATOUR (Maurice-Quentin de)

57 — *Portrait d'homme inconnu.*

Haut., 59 cent.; larg., 49 cent.

Collection de M. Arthur Veil-Picard.

LATOUR (Maurice-Quentin de)

58 — *Portrait présumé de Mme de Mondonville.*

Haut., 31 cent.; larg., 24 cent.

Collection de Mme Verdé-Delisle.

LATOUR (Maurice-Quentin de)

59 — *Portrait de M. de Neuville, fermier général.*

Haut., 64 cent.; larg., 52 cent.

Collection de M. David Weill.

LATOUR (Maurice-Quentin de)

60 — *M. Loriot, ingénieur, inventeur d'un procédé de fixage du pastel.*

Ovale.

Haut., 80 cent.; larg., 70 cent.

Collection de M. Auguste Pellechet.

LATOUR (Maurice-Quentin de)

61 — *Portrait de Mme Mase.*

Ce portrait a été légué par Mme Mase à sa nièce, la Marquise de Juigné, née de Floquet de Réal, trisaïeule du Marquis de Juigné, propriétaire actuel du tableau.

Haut., 1 m. 12 ; larg., 96 cent.

Collection de M. le Marquis de Juigné.

LATOUR (Maurice-Quentin de)

62 — *Portrait d'Étienne Perrinet, sieur de Jars (1675-1762).*

Haut., 1 m. 65 ; larg., 1 m. 35.

Collection de M. le Marquis de Vogüé.

LENOIR (Simon-Bernard)

1729-1789.

63 — *Portrait de femme.*

Signé à la mine de plomb et daté : *1764.*

Haut, 45 cent.; larg., 55 cent.

Collection de M. Pierre Decourcelle.

LIOTARD (Jean-Étienne)

1702-1788 (?)

64 — *Portrait de Mme Favart, née Benoîte Duronceray.*

Signé et daté : *1757.*

Haut., 70 cent.; larg., 55 cent.

Collection de M. Henry Pannier.

LIOTARD (Jean-Étienne)

65 — *Portrait de Charles-Simon Favart, auteur dramatique.*

A mi-corps, vu de trois quarts, tourné et regardant à gauche. Il est assis sur une chaise cannée, tête nue, robe de chambre en étoffe bleu clair avec doublure orange, les bras croisés reposant sur une table et tenant de la main gauche un livre entr'ouvert. Fond gris.

Signé et daté : *1757*, dans le haut, à gauche.

Haut., 70 cent.; larg., 55 cent.

Collection de M. Georges Pannier.

MÉRELLE (Pierre)

1713-1762.

66 — *Portrait de son fils (1765).*

Haut., 46 cent.; larg., 41 cent.

Collection Jubinal de Saint-Albin.
Prêté par Mme Georges Duruy.

MÉRELLE (PIERRE)

67 — *Portrait de sa fille (1765).*

Haut., 46 cent.; larg., 41 cent.

Collection Jubinal de Saint-Albin.
Prêté par Mme Georges Duruy.

NATTIER (JEAN-MARC)

1685-1766.

68 — *Portrait de M. Le Royer, Con-*
seiller au Parlement de Paris.

Haut., 82 cent.; larg., 65 cent.

Collection de M. S. Bardac.

NATTIER (JEAN-MARC)

69 — *Portrait de Mme Le Royer.*

Haut., 82 cent.; larg., 65 cent.

Collection de M. S. Bardac.

PERRONNEAU (Jean-Baptiste)
1715 (?)-1783.

70 — *Portrait d'homme.*
Ovale.
Signé et daté : *1775.*

Haut., 61 cent.; larg., 51 cent.

Collection de MM. Thomas Agnew and Sons.

PERRONNEAU (Jean-Baptiste)

71 — *Portrait d'homme.*
Signé et daté : *1765.*

Haut., 73 cent.; larg., 57 cent.

Collection de M. le Duc Decazes.

PERRONNEAU (Jean-Baptiste)

72 — *Portrait d'homme.*
Signé et daté : *1763.*

Haut., 65 cent.; larg., 52 cent.

Collection de M. le Duc Decazes.

PERRONNEAU (Jean-Baptiste)

73 — *Portrait d'un peintre.*

Signé à la mine de plomb et daté : *1772.*

Haut., 43 cent.; larg., 55 cent.

Collection de M. Pierre Decourcelle.

PERRONNEAU (Jean-Baptiste)

74 — *Portrait d'artiste.*

Haut., 63 cent.; larg., 49 cent.

Collection de M. Doistau.

PERRONNEAU (Jean-Baptiste)

75 — *Portrait de Jeanne Dorus à l'âge de 32 ans, en 1753, troisième femme de J.-B. Le Moyne.*

A figuré au Salon de 1753, n° 122.

Haut., 66 cent.; larg., 57 cent.

Collection de M. Georges Dormeuil.

PERRONNEAU (Jean-Baptiste)

76 — *Portrait d'homme (1770).*

Haut., 90 cent.; larg., 75 cent.

Collection de M. Georges Dormeuil.

PERRONNEAU (Jean-Baptiste)

77 — *Portrait de femme.*

Haut., 75 cent.; larg., 65 cent.

Collection de M. Georges Dormeuil.

PERRONNEAU (Jean-Baptiste)

78 — *Portrait de M. Van Robai.*

Haut., 71 cent.; larg., 57 cent.

Collection de M. J. D...

PERRONNEAU (Jean-Baptiste)

79 — *Portrait du Comte de Bastard.*

Signé et daté : *1747.*

Haut., 67 cent.; larg., 56 cent.

Collection de M. J. D...

PERRONNEAU (Jean-Baptiste)

80 — *Portrait de M. Dutilleul.*

Signé à droite.

Haut., 72 cent.; larg., 60 cent.

Collection de M. J. D...

PERRONNEAU (Jean-Baptiste)

81 — *Portrait de jeune femme tenant un bouquet.*

Signé et daté : *1749.*

Haut., 60 cent.; larg., 47 cent.

Collection de M. J. D...

PERRONNEAU (Jean-Baptiste)

82 — *Portrait d'enfant.*

Signé et daté : *1741.*

Haut., 51 cent.; larg., 41 cent.

Collection de M. J. D...

PERRONNEAU (Jean-Baptiste)

83 — *Portrait de la Comtesse Jacquette d'Arche, née de Loupes (1753).*

Signé en haut, à droite, au crayon.

Haut., 47 cent.; larg., 39 cent.

Collection de Mme René d'Hubert.

PERRONNEAU (Jean-Baptiste)

84 — *Portrait de la Comtesse de Corbeau de Saint-Albin.*

Signé et daté : *1772.*

Haut., 98 cent.; larg., 78 cent.

Collection Jubinal de Saint-Albin.
Prêté par Mme Georges Duruy.

PERRONNEAU (Jean-Baptiste)

85 — *Portrait du graveur Huquier.*

Signé et daté : *1747*.

Haut., 62 cent.; larg., 52 cent.

Collection de M. André Lazard.

PERRONNEAU (Jean-Baptiste)

86 — *Portrait présumé d'un fils de Le Moyne, sculpteur du Roi.*

Signé et daté : *1747*.

Haut., 40 cent.; larg., 32 cent.

Collection de M. Albert Lehmann.

PERRONNEAU (Jean-Baptiste)

87 — *Portrait de femme.*

Haut., 54 cent.; larg., 43 cent.

Collection de M. Henry Michel-Lévy.

PERRONNEAU (Jean-Baptiste)

88 — *Portrait de Mme Dutilleul.*

Haut., 69 cent.; larg., 55 cent.

Collection de M. Léon Michel-Lévy.

PERRONNEAU (Jean-Baptiste)

89 — *Portrait de M. de la Fontaine.*

Signé et daté : *1750.*

Haut., 72 cent.; larg., 64 cent.

*Collection de
M. le Mis de Saint-Maurice Montcalm.*

PERRONNEAU (Jean-Baptiste)

90 — *Portrait de Mme de la Fontaine.*

Signé et daté : 1750.

Haut., 72 cent ; larg., 64 cent.

*Collection de
M. le Mis de Saint-Maurice Montcalm.*

PERRONNEAU (Jean-Baptiste)

91 — *Portrait de Aignan-Thomas Desfriches, dessinateur amateur,
né à Orléans en 1715, mort
dans la même ville en 1800.*

Signé en haut, à gauche et daté : *1751.*

Haut., 69 cent.; larg., 40 cent.

Collection de M. Ratouis de Limay.

PERRONNEAU (Jean-Baptiste)

92 — *Portrait de Mme Jean Cadet de
Limay, née Desfriches, née à
Orléans en 1745, morte dans
la même ville en 1834.*

Signé en haut, à droite et daté : *1768.*

Haut., 49 cent.; larg., 40 cent.

Collection de M. Ratouis de Limay.

PERRONNEAU (Jean-Baptiste)

93 — *Portrait d'homme.*

Signé et daté.

Haut., 66 cent. 1/2; larg., 54 cent.

Collection de M. Sortais.

PERRONNEAU (JEAN-BAPTISTE)

94 — *Portrait de jeune femme in-*
connue.

Haut., 55 cent.; larg., 44 cent.

Collection de M. Arthur Veil-Picard.

PERRONNEAU (JEAN-BAPTISTE)

95 — *Portrait d'homme en habit rose*
(M. Boyer, armateur).

Haut., 6o cent.; larg., 48 cent.

Collection de M. Arthur Veil-Picard.

PERRONNEAU (JEAN-BAPTISTE)

96 — *Portrait d'enfant en costume de*
hussard bleu (enfant Boyer).

Ovale.

Haut., 53 cent.; larg., 43 cent.

Collection de M. Arthur Veil-Picard.

PERRONNEAU (Jean-Baptiste)

97 — *Portrait de Mme Desfriches et de l'artiste.*

Haut., 71 cent.; larg., 58 cent.

Collection de Mme X...

PERRONNEAU (Jean-Baptiste)

98 — *Portrait de M. Olivier.*

Signé et daté : *1748*.

Haut., 71 cent.; larg., 58 cent.

Collection de Mme X...

PERRONNEAU (Jean-Baptiste)

99 — *Portrait de Mme Olivier.*

Signé et daté : *1748*.

Haut., 71 cent.; larg., 58 cent.

Collection de Mme X...

PERRONNEAU (Jean-Baptiste)

100 — *Portrait d'homme à la rose.*

Signé et daté : *1751.*

Haut., 58 cent.; larg., 48 cent.

Collection de Mme X...

PERRONNEAU (Jean-Baptiste)

101 — *Portrait du Comte Louis-Claude Goyon de Vaudurant, sous-gouverneur de Bretagne.*

A figuré à l'Exposition de l'École des Beaux-Arts en 1879. (Collection de Goncourt.)

Pastel sur peau vélin.

Haut., 71 cent.; larg., 58 cent.

Collection de M. Wilbrod Chabrol.

PRUD'HON (Pierre)
1758-1823.

102 — *Portrait de M. Febvre, père de la Baronne Martin de Gray.*

Fait à Gray (Haute-Saône), en 1795.

Haut., 43 cent.; larg., 36 cent.

Collection de M. Edm. Pigalle.

PRUD'HON (Pierre)

103 — *Portrait de Mme Febvre, mère de la Baronne de Gray.*

Fait à Gray (Haute-Saône), en 1795.

Haut., 43 cent.; larg., 36 cent.

Collection de M. Edm. Pigalle.

REYNOLDS (Sir Joshua)
1723-1792.

104 — *Portrait d'Anne Montgomery, Marquise de Townshend.*

Haut., 82 cent ; larg., 32 cent.

*Collection de
M. le Cte Louis Cahen d'Anvers.*

ROSLIN (Marie-Suzanne Giroust, Mme)
1735-1772.

105 — *Portrait présumé de Mme Hubert Robert.*

Haut., 69 cent. ; larg., 52 cent.

Collection de M. Arthur Veil-Picard.

RUSSELL (John) (*R. A.*)
1744-1806.

106 — *Portrait d'Amélie-Élisabeth-Caroline de Brunswick, femme de George IV, roi d'Angleterre ; née en 1768, mariée en 1795, morte le 7 août 1821.*

Cadre doré original.

Haut., 60 cent.; larg., 45 cent.

Collection de
Mme la B^{onne} James de Rothschild.

RUSSELL (John) (*R. A.*)

107 — *Portrait de Mrs. Currie.*

Haut., 60 cent.; larg., 44 cent.

Collection de M. Arthur Veil-Picard.

RUSSELL (John) (*R. A.*)

108 — *La Sibylle Persanne.*

Fillette vêtue de blanc, un ruban bleu dans les cheveux et un voile en gaze, assise, appuyant la tête sur sa main droite et lisant un papier qu'elle tient de la main gauche. Signé et daté : *1797*.

Collection de feu le Bᵒⁿ de Reuter, qui l'avait acheté à la petite-fille de l'artiste.

Haut., 74 cent.; larg., 60 cent.

Collection de M. Charles Wertheimer.

RUSSELL (John) (*R. A.*)

109 — *Portrait de Mrs. Earle, fille de Sir Stephen Langston.*

En robe blanche, avec une ceinture jaune, tenant sa fille, vêtue de blanc et coiffée d'un bonnet à rubans bleus.

Haut., 60 cent.; larg., 44 cent.

Collection de M. Charles Wertheimer.

RUSSELL (John) (*R. A.*)

110 — *Portrait de Sarah White, fille de Taylor White et Sarah Woolaston, représentée en Hébé.*

En robe blanche avec ceinture jaune et écharpe rouge, tenant une aiguière de la main gauche, et, au bout du bras droit tendu, une coupe où l'aigle est en train de boire.

Signé et daté : *1794.*

Haut.. 1 m. 01 ; larg., 78 cent.

Collection de M. Charles Wertheimer.

RUSSELL (John) (*R. A.*)

111 — *Portrait d'une jeune femme.*

Cheveux poudrés, robe blanche, fichu et ceinture bleus.

Haut., 32 cent.; larg., 25 cent.

Collection de M. Charles Wertheimer.

RUSSELL (John) (*R. A.*)

112 — *The Ballad Singer (chanteuse de Saint-Giles).*

Daté : *1803.*

Haut., 58 cent.; larg., 43 cent.

Collection de M. Charles Wertheimer.

RUSSELL (JOHN) (*R. A.*)

113 — *Portrait de Miss M. Darby, plus
tard Mrs. Robinson, la célèbre
Perdita.*

A son côté, un jeune enfant, fils de l'artiste.

Haut., 1 mètre ; larg., 78 cent.

Collection de M. Charles Wertheimer.

RUSSELL (JOHN) (*R. A.*)

114 — *Lady Georgina Cavendish, à
l'âge de dix ans, fille aînée de
William, 5ᵉ Duc du nom, et de
Georgina, Duchesse de Devonshire, devenue Comtesse de Car-
lisle, grand'mère du pair actuel.*

Haut , 60 cent.; larg., 45 cent.

Collection de M. Charles Wertheimer.

RUSSELL (John) (*R. A.*)

115 — *Lady Henrietta Cavendish, à l'âge de cinq ans, seconde fille de William, 5ᵉ Duc du nom, et de Georgina, Duchesse de Devonshire, devenue Comtesse Granville, grand'mère du pair actuel.*

Haut., 60 cent.; larg., 45 cent.

Collection de M. Charles Wertheimer.

VIGÉE (Louis)

Mort en 1868.

116 — *Portrait de femme (1770).*

Haut., 97 cent.; larg., 83 cent.

Collection de M. de Saint-Alary.

VIGÉE (Louis)

117 — *Portrait d'homme (1770).*

Haut., 97 cent.; larg., 83 cent.

Collection de M. de Saint-Alary.

VIGÉE (Louis)

118 — *Portrait du Fermier général A.-J.-J. Le Riche de la Poupelinière.*

Haut., 63 cent.; larg., 54 cent

Collection de M. Georges Petit.

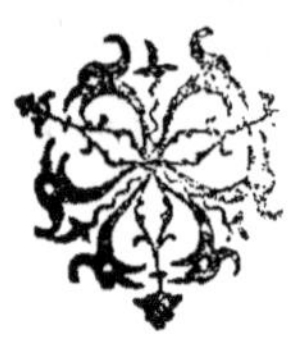

SCULPTURES

BOUCHARDON (Edme)
1698-1762.

119 — *Muse.*

Terre cuite originale.

Collection de M. Albert Besnard.

CAFFIERI (Jean-Jacques)
1725-1792.

120 — *Portrait de Jean-Victor de Besenval.*

Buste bronze.

Signé et daté : *1735.*

Haut., 80 cent.

Collection de
M. le Prince François de Broglie.

CAFFIÉRI (JEAN-JACQUES)

121 — *Portrait de J.-V. de Besenval,
baron de Brunstadt.*

Buste bronze.

Signé et daté : *1737*.

Haut., 75 cent.

*Collection de
M. le Prince François de Broglie.*

COUSTOU (GUILLAUME)
1716-1777.

122 — *Portrait de Michel - Étienne
Turgot, prévôt des Marchands
de Paris de 1729 à 1740.*

Buste marbre.

Haut., 95 cent.

Collection de M. Dubois de l'Estang.

FALCONET

1716-1791.

123 — *Portrait de Mlle Colombe l'aînée, représentée avec l'Amour.*

Groupe terre cuite.

Haut. avec le socle, 1 m. 75.

Collection de M. Wildenstein.

HOUDON (Jean-Baptiste)

1741-1828.

124 — *Portrait de Mirabeau (10 avril 1791).*

Buste marbre.

Haut., 94 cent.

Collection de M. Ch. Delagrave.

HOUDON (Jean-Baptiste)

125 — *Portrait de M. L..., du Parlement de Grenoble.*

Buste marbre.
Signé et daté : 1787.

Haut., 81 cent.

Collection de M. J. D...

HOUDON (Jean-Baptiste)

126 — *Portrait de Anne-Robert-Jacques Turgot, ministre de Louis XVI (1778).*

Buste marbre.

Haut., 85 cent.

Collection de M. Dubois de l'Estang.

HOUDON (Jean-Baptiste)

127 — *Madame Adélaïde.*

Buste marbre.
Signé et daté : *1777.*

Haut., 90 cent.

Collection de M. Georges Hoentschel.

HOUDON (Jean-Baptiste)

128 — *Portrait du Duc de Praslin.*

Buste marbre.
Signé et daté sous le bras droit : *1780.*

Haut., 70 cent.

Collection de M. Louis Laveissière.

HOUDON (Jean-Baptiste)

129 — *Portrait de Voltaire.*

Buste terre cuite.
Signé et daté : *1778.*

Haut., 48 cent.

Collection de M. le Cte Pastré.

HOUDON (Jean-Baptiste)

130 — *Diane partant pour la chasse.*

Buste marbre.
Signé : *Houdon fecit.*

Ce buste, première exécution en marbre de l'idée de Houdon, fut exposé au Salon de 1777, où il souleva l'admiration générale. Le Roi en fit l'acquisition et la Reine le donna au retour de Varennes au Baron de G..., qui l'avait aidée dans sa fuite.

Le modèle qui servit à Houdon s'appelait Mlle Odéoud. C'est la même année 1777 que Houdon exposait, à la Bibliothèque du Roi, la maquette en plâtre de *Diane partant pour la chasse.*

Haut., 87 cent.

*Collection de
M. le Cte Mansard de Sagonne.*

HOUDON (Jean-Baptiste)

131 — *Portrait de Cagliostro.*

Buste marbre.

Haut., 70 cent.

*Collection de
Sir John Murray Scott, Bart., K. C. B.*

LE MOYNE (Jean-Baptiste)

1704-1778.

132 — *Portrait de Mlle Adélaïde Martin.*

Buste terre cuite.

Haut., 56 cent.

Collection de M. le Mis de la Ferronnays.

LE MOYNE (Jean-Baptiste)

133 — *Portrait de Malesherbes.*

Buste marbre.

Haut., 70 cent.

Collection de M. Édouard Kann.

MÉRARD (Pierre)

134 — *Portrait du Prince de Conty (Léon-François de Bourbon).*

Buste marbre.

Exécuté en 1777.

Haut., 80 cent.

Collection de M. Édouard Kann.

PAJOU (Augustin)
1730-1809.

135 — *Portrait de la Princesse de Lamballe.*

Buste terre cuite.

Collection de M. le Bon de Bully.

PAJOU (Augustin)

136 — *Portrait de Mme Vigée-Lebrun.*

Buste terre cuite.

Signé et daté : *1783*.

Anciennes collections Didier et Denain.

Haut., 67 cent.

Collection de M. Wilbrod Chabrol.

PAJOU (Augustin)

137 — *Portrait du Duc de Vendôme.*

Buste terre cuite.
Signé : *Pajou, 1772.*

Haut., 64 cent.

Collection de M. le Comte Pastré.

PAJOU (Augustin)

138 — *Un Parlementaire.*

Buste marbre.
Signé et daté : *1788.*

Haut., 78 cent.

Collection de M. Doistau.

PAJOU (Augustin)

139 — *Jean-François Ducis.*

On lit sur le socle : *Jean-François Ducis,
l'un des quarante de l'Académie française,
secrétaire ordinaire de Monsieur frère du
Roi, par Pajou, sculpteur du Roi, 1779.*

Buste marbre.

Haut., 78 cent.

Collection de M. Doistau.

PAJOU (Augustin)

140 — *Portrait de Buffon.*

Buste biscuit.

Collection de M. Sortais.

VARIN (Jean)
1604-1672.

141 — *Portrait du Cardinal de Riche-
lieu.*

Buste bronze.

Haut., 90 cent.

Collection de M. J. D...